KB216696

도서출판 대장간은
쇠를 달구어 연장을 만들듯이
생각을 다듬어 기독교 가치관을
바르게 세우는 곳입니다.

대장간이란 이름에는
사라져가는 복음의 능력을 되살리고,
낡은 것을 새롭게 풀무질하며, 잘못된 것을
바로 세우겠다는 의지가 담겨져 있습니다.

www.daejanggan.org

**Johann
Christoph
Blumhardt**

**Christoph
Friedrich
Blumhardt**

NOW is ETERNITY

Comfort and Wisdom for Difficult Hours

Christoph Friedrich Blumhardt &
Johann Christoph Blumhardt

지금이 영원입니다

어려운 시기, 당신에게 보내는 위로와 지혜

요한 크리스토프 블룸하르트
크리스토프 프리드리히 블룸하르트

김성민 고학준 옮김

김성민 사진

지금이 영원입니다

지은이	크리스토프 프리드리히 블룸하르트
	요한 크리스토프 블룸하르트
옮긴이	김성민 고학준
초판발행	2020년 5월 13일
펴낸이	배용하
책임편집	배용하
등록	제364-2008-000013호
펴낸곳	도서출판 대장간
	www.daejanggan.org
등록한곳	충남 논산시 매죽헌로1176번길 8-54
편집부	전화 041-742-1424 전송 0303-0959-1424
분류	기독교	영성	묵상
ISBN	978-89-7071-523-0 (03230)
CIP제어번호	CIP2020018067

값 8,000원

함께 읽으면 좋은 책

블룸하르트

『저녁기도』 *Evening Prayers: for Every Day of the Year*

Thy Will Be Done: Sickness, Faith, and the God who Heals

『행동하며 기다리는 하나님나라』 *Action in Waiting*

프리드리히 쥔델 Friedrich Zuendel

Pastor Johann Christoph Blumhardt: An Account of his Life

『영적각성』 *The Awakening: One Man's Battle with Darkness*

요한 크리스토프 아놀드

『두려움 너머로』 *Be Not Afraid: Overcoming the Fear of Death*

짐승처럼 떼로 몰려다니는 무리를 찾아 방황하지 말라.

외로움의 끝에 있는 그대여,

이제는 집으로 돌아오라.

막다른 골목에 몰려 영원과 씨름하는

이 죽어가는 영혼들에게.

-스티븐 스펜더-

서 문

"비록 자각하지 못할지라도, 우리에게 가장 절실하게
필요한 것은 영원한 삶이다."

크리스토프 F. 블룸하르트Christoph F. Blumhardt는 여기에 실린
글을 통해 근대적 삶이 그토록 심하게 뒤틀어진 근원적인 원인을
밝힌다. 그것은 바로 영원을 전혀 염두에 두지 않고 살아간다는
점이다. 오늘날 대부분의 사람들이 중요하게 여기는 것은 현세적
이고 덧없는 삶의 조각들이다. 이 사실이 놀랍지 않은 이유는 이
러한 것들은 즉각적이고, 만질 수 있고, 볼 수 있기 때문이다. 그

러나 이러한 상황은 개탄스럽다. 우리의 삶에서 신성하고 지속되는 부분인 영원이란 차원이 길가에 버려진 채 무시되고 우리 시야에서 사라지기 때문이다.

영원이 잊혀질 때 인간의 궁극적 운명에서 참의미는 사라지고, 삶의 목적은 세속적인 차원에서 성취를 추구하는 것으로 제한된다. 영원을 기억한다면 시야가 넓어지고, 우리 안에 있는 가장 선하고 숭고한 것을 통해서 우리의 고향이면서 언젠가 반드시 돌아갈 더 높은 차원의 집에 대한 언약을 상기시킨다. 영원을 염두에 둔다는 것은 땅 위에 있는 것들이 언젠가는 영구한 생명을 가진 영원의 현실에 의해 빛을 잃게 될 것임을 아는 것이다.

우리의 마음문을 열고 이 지식을 전달해주는 사람이야말로 정말 고마운 사람이다. 그렇기 때문에 여기에 모아 놓은 글은, 꾸밈 없고 단순하지만 너무도 강력하고, 너무도 중요하다. 요한 크리스토프 블룸하르트1805-1880와 그의 아들 크리스토프 프리드리히 블룸하르트1842-1919에게 "영원"은 단지 죽은 자들의 영혼이 안식을 찾는 미래의 추상적인 사후 세계를 뜻하는 또 하나의 단어가 아니다. 전혀 아니다. 이들에게 있어서 영원은 그 변화시키는 힘이 이미 시간 안으로 뚫고 들어와 있고, 어디서든 영원을 볼 수 있는 눈이 있다면 이곳저곳에서 발견되는 지금의 현실이다. 따라서 우리에게 영원은 안내자이자 희망의 등불, 힘의 원천 그리고 마르지 않는 소망의 샘이다. 우리에게는 일용할 양식보다도 이 소망이 더 시급하게 필요하다.

편집자들
1999년 12월

전체의 일부로서 더 숭고한 목표를 향해 나아가지 않는다면, 우리는 내적으로나 외적으로 쇠락할 것입니다. 우리의 심장이 자신만을 위하는 것을 넘어서 더 위대한 일을 할 때에 이 땅의 일에서도 번창할 것입니다. 사회 구성원 각자가 공익과 피조물, 즉 하나님을 위해 해야 할 과업을 갖지 못한다면 사회는 물질적으로나 영적으로 쇠락할 것입니다.

인지하든 못 하든 영원은 우리의 유일한 기쁨입니다. 영원이 없다면 다만 찰나에 불과한 이 땅의 삶에서 우리에게 힘을 주는 것 또한 영원입니다. 살면서 우리가 소망*하고 기뻐하는 모든 것은 하나님 아버지가 우리에게 보내주신 예수라는 천국의 보물과 맞닿아있습니다. 그 이름을 따르는 우리 인생의 나날은 천국의 보화로 둘러쌓일 것입니다.

* 소망 : 하나님의 선이 이루어지기를 바라는
바람이다. 개인의 욕망이나 필요에 대한 바람
인 희망과 구분하였다.

하나님이 가까이 있다고 느껴질 때 크게 위로받습니다. 홀로 버려졌다고 느낄 때, 내 힘과 능력밖에는 의지할 곳이 없다는 생각이 들 때 우리는 우울합니다. 하나님의 천사들이 나와 이 세상을 감싸고 있다고 느끼지 못하는 상태로 단 하루도 살고 싶지 않습니다. 한순간도 혼자가 아니라고 믿어야 매일을 살아낼 수 있습니다.

무엇을 위해 사는지 안다는 것, 즉, 주님을 위해 하는 모든 일이 절대 헛되지 않고 영원에서 열매를 맺는다는 것을 아는 것은 경이로운 일입니다. 그러나 그 어떤 선한 일을 해내더라도 그게 우리가 애쓴 덕분이라고 생각해서는 안 됩니다. 오직 그리스도의 보혈 덕분입니다. 이 사실을 잊는다면 모든 수고가 헛됩니다. 쓸데 없는 것들을 버리고 진리를 추구할 동기가 사라지기 때문입니다. 아, 무의미한 우리네 인생으로부터 자신을 건져내기가 얼마나 어려운지요!

일상의 사소한 일에 지나치게 빠져들면서 우리에게 가장 큰 위험이 찾아오는지도 모릅니다. 세상 일에 지나치게 매이다 보면 우리 마음과 영혼에는 다른 것이 들어갈 공간이 남아있지 않게 됩니다. 보호받지 못하고, 이를 자각하지 못하고, 정신은 분산된 채 현실과 동떨어진 삶을 살아가게 됩니다. 사소한 일에 질질 끌려다니거나, 이 땅의 일을 너무 심각하게 받아들인 나머지 매일매일 그 무게 아래서 신음하지 않도록 조심합시다. 언제나 위대한 약속 안에서 살아갑시다.

우리는 깊은 곳심연으로 들어가야만 합니다. 그것이 우리의 소명입니다. 그러나 동시에 우리 마음의 수위를 높은 곳에 맞추어야 합니다. 우리 인간의 소명은 죽음을 초월하여 영원으로 들어가는 것입니다. 마음의 수위를 하나님께 맞추는 사람은 복이 있습니다.

하나님께서 우리 삶을 위해 주신 토대를 발견할 때, 보이는 세계와 보이지 않는 세계에 살고 있는 모든 사람을 위해 비추는 그분의 빛을 발견할 수 있을 것입니다. 그리고 우리는 우리의 믿음과 시험과 어둠으로 가득한 지상에서의 우리 삶뿐만 아니라 우리 하늘 아버지와의 관계가 이 세상의 선과 인류를 위해 일하고 있다는 사실을 확신할 수 있습니다. 그것이 우리의 기쁨입니다.

어둠 속에 버려진채 산다고 생각하지만, 우리는 빛 속에서 살고 있습니다. 슬픔을 알지만, 우리 안에는 기쁨도 있습니다. 무거운 짐을 지고 있지만, 영원한 빛이며 모든 창조물의 생명이신 하나님을 만날 수 있는 날개를 우리가 가지고 있습니다. 이것이 지금 우리의 기쁨이고, 우리는 계속해서 이 기쁨 안에 거할 것입니다. 우리는 싸워야 합니다. 높은 기준을 고수해야 합니다. 그 빛이 어떻게든 어둠을 뚫고 나가도록 해야 합니다. 우리는 결코 낙심하지 말아야 합니다.

이 세상은 현실입니다. 그리고 오직 현실에서만 이 세상의 문제를 극복할 수 있습니다.

예수님은 모든 것을 새롭게 하십니다! 그 사실이 우리의 빛입니다. 우리는 피조물의 극심한 타락과 인류인간성의 가장 어두운 부분들을 바라보고 있습니다. 그럼에도 우리는 천국과 지상에서 만물을 새롭게 하시는 하나님을 여전히 신뢰할 수 있습니다. 우리는 또 다른 지옥을 만들거나 이야기하기 위해서가 아니라, 사랑이신 하나님의 권능 안에서 죄와 죽음에 대해 전쟁을 선포하도록 부름을 받았습니다.

십자가 위의 주님을 잠시 묵상하고 지나쳐서는 안 됩니다. 오히려 우리는 우리의 존재 전체를 그분 앞에 굴복시켜야 합니다. "좋습니다. 내가 죽어야 한다면 죽겠습니다. 그러나 오직 살아계신 하나님의 이름 안에서, 오로지 그분의 심판 아래서, 그리고 구주의 곁에서 그렇게 할 것입니다." 만약 우리가 이런 방식으로 우리를 결박하는 것들을 풀어버릴 수 있다면, 우리는 구원받을 것입니다. 왜냐하면 완전히 새로운 삶이 우리를 위해 시작될 것이기 때문입니다. 신세계가 시작되려면, 우리가 살아왔던 구舊세계를 이런 방식으로, 십자가에서, 그리고 심판을 통해 포기해야만 합니다.

이 세상에 존재하는 모든 것은 그 안에 신비스러운 무엇인가를 감추고 있습니다. 보이는 모든 존재에는 영원이라는 도장이 찍혀 있습니다.

우리가 아직 참된 복에 도달하지 못했을지라도, 하늘에 하나님 아버지가 계시기 때문에 그 복을 소망합니다. 그분은 사랑이 많으신 하나님 아버지이십니다. 우리는 마음 가득 기쁨과 확신을 가지고 큰 소리로 그분의 이름을 부를 수 있습니다. 이 확신 안에서 복의 물결이 우리에게 쏟아 부어질 것입니다. 그리고 비록 우리가 몇 번이고 심각한 고통에 시달릴지라도, 그 복은 결코 우리를 떠나지 않을 것입니다. 이 확신 안에서 우리는 슬퍼하면서 동시에 기뻐할 수 있습니다.

"죽어라, 그러면 예수 그리스도가 살아날 것이다"라는 말은 "항복하라, 너의 모든 요구를 포기하라"는 의미입니다. 그렇게 될 때, 당신은 죽음 대신에 생명을 보게 될 것입니다. 우리는 죽기 위해서가 아니라, 다시 살기 위해 죽음을 통과해야만 합니다.

우리는 거듭 반복해서 선하심을 경험하는데, 거기에는 만질 수 있는 물질적인 방식도 있습니다. 우리는 이러한 선하심을 통해서 비록 예수님께서 죽으셨지만, 살아계시고, 진정으로 우리 가운데 살아계심을 볼 수 있습니다.

우리가 하나님과 동행하며 살기 시작하는 순간, 우리 인생은 총체적으로 변화될 것입니다. 그런 후에 우리는 우리에게 짐이 되거나, 걱정하도록 우리를 유혹하는 수많은 일들이 한순간 전혀 중요하지 않게 보이는 것에 경탄하게 될 것입니다.

우리는 곧바로 죽음으로 들어가야 합니다! 죽음 가운데에서 살아냄으로써 부활하신 그분이 영광을 받는 것이 예수 그리스도의 제자로서 우리가 배울 첫 번째 교훈입니다. 따라서 우리는 "삶의 한가운데에서 죽음에 둘러싸여 있다"고 말하지 말고, "죽음의 한가운데에서 생명에 둘러싸여 있다"고 말해야 합니다. 우리는 슬퍼하지 말고, 찬양해야 합니다. 말로는 이 진실의 참의미를 전달할 수 없지만, 모두가 마음으로 받아들여야만 합니다. 당신은 죽음의 골짜기를 피하기 위해 혹은 당신을 압도하는 적에게서 달아나기 위해, 더 이상 허덕일 필요가 없습니다. 그 대신에 부활하신 그리스도 옆에 굳게 서서, 죽음의 한가운데에서 생명을 선포하십시오. 예수 그리스도는 죽음을 정복하셨고, 권능의 원천과 빛이신 그분을 통하여 삶은 죽음 가운데에서조차도 승리를 거둘 것입니다.

또한 우리는 부활을 약속받았습니다. 우리는 심지어 죽는 것이 곧 다시 부활하는 것이라고도 말할 수 있을 것입니다. 구주만 혼자 죽음에서 부활하시는 것을 의도한 것이 아닙니다. 왜 거기서 멈추어야 합니까? 죽음이 우리에게 다가왔을 때 우리는 단순히 죽는 것이 아니라, 부활 속으로 죽는 것입니다. 우리는 살아야 할 운명입니다. 그리고 그 때문에 우리의 삶은 생명의 도장, 부활의 도장을 간직해야 합니다.

하나님나라는 생명과 영원한 삶이라는, 우리가 여전히 이해하지 못하는 놀라운 선물입니다. 우리가 그 안에 들어가는 순간, 발걸음을 내디딜 때마다 풍성함을 경험할 것입니다. 그러나 천국은 단순히 현실을 제외한 미래의 관념이 아닙니다. 나는 수많은 사람들로부터 이런 이야기를 듣습니다. "하나님나라라는 선물이 이미 내 마음에 존재하기에, 나는 불행함에서 행복을 발견했습니다. 나는 고통 가운데서 하나님을 봅니다."

사탄의 속박은 깰 수 없는 것이 아닙니다. 정복자 예수 그리스도를 믿는 신실한 믿음 안에서 사탄과 제대로 씨름하는 사람이라면 누구나 자유를 얻을 것입니다. 예수님께서 말씀하신 것처럼, "진리가 여러분을 자유롭게 하고," 그리고 "만약 하나님의 아들이신 그분이the Son 당신을 자유롭게 하면, 당신은 진실로 자유를 얻을 것입니다." 우리의 주님이 하나님 우편에 앉아 계시기 때문에 승리는 이미 우리의 것입니다. 능력을 받으신 그분은 누구에게나 심지어 그분을 부인하는 사람들에게도 그 능력을 나누어 주실 수 있습니다. 그리고 주님은 그분 앞에 모든 적들이 넘어질 때까지, 천국과 지상의 모든 피조물들이 기쁨으로 외칠 때까지 하늘에서 싸우실 것입니다. 누가 예수 그리스도가 거둔 승리의 위대함을 이해할 수 있을까요? 그런데 그분의 승리를 우리가 믿고 받아들이기만 하면, 우리는 그 승리를 상속받게 됩니다. 그 승리는 우리가 볼 수 있도록 바로 그곳에 있습니다.

예수님이 나의 주님이신 한, 나는 다른 그 누구도 필요치 않습니다. 그렇다고 내가 혼자는 아닙니다. 천국의 모든 천사들이 예수님을 위해 지상에서 외로운 싸움을 하는 사람들 곁에 함께 서 있기 때문입니다.

진정한 복음을 전파하는 것이 여전히 가능할까요? 그리스도 안에서 새롭게 변화된 사람을 보는 것이 가능할까요? 수많은 사람들이 포기했고, 소망을 잃었습니다. 그러나 세상 전체가 이제는 변화의 가능성을 믿지 않는다 해도, 우리는 여전히 믿어야만 합니다. 그리스도는 땅 위의 바로 이곳에서 새로운 사람들을 창조하길 원하십니다. 그리스도가 오시기 전에도 사람들은 복되게 죽을 수 있습니다. 안락한 삶과 안락한 죽음은 그리스도 이전에도 있었습니다. 그러나 그분은 영원한 삶의 권능으로 충만하고, 진실과 생명의 빛이신 하나님의 사랑으로 빛나는 새로운 인류를 만들기 위해 오셨습니다.

그리스도는 우리와 함께 하시겠다고 약속하셨습니다. "내가 세상 끝날까지 너희와 항상 함께 있으리라." 마태복음 28:20 그러므로 그분은 우리의 모든 연약함과 가난 가운데, 바로 여기에 계십니다. 그분은 현존하십니다. 그분은 표적과 기적을 행하시고, 우리는 그분 안에서 기쁨을 누립니다.

우리가 진정으로 그리스도를 알기만 하면, 새로운 세계로 들어가게 됩니다. 천상의 부요함과 다양성에 압도되어, 우리는 우리가 가능하다고 믿을 수 없었던 그분의 권능을 우리 삶에서 당연하게 여기게 될 것입니다. 하지만, 바로 그것이 예수 그리스도 안에서 새 생명을 얻었다는 뜻입니다.

믿는다는 것은 하나님이 지금 여기 계시다는 사실을 받아들이는 것입니다.

"자연스러운" 것이라는 차원에서만 생각하고, 자연 세계의 도움만을 기대하는 것이야말로 맹신광신입니다! 그러나 만약, 여러분이 이러한 도움을 저버리고, 성령님과 하나님의 권능에 의지하고 있다면, 사람들은 당신이 망상에 사로잡혀 있다고 할 것입니다. 그러나 성서는 이 세상을 힘의 근원으로 삼고 의지하는 것이 비현실적이고, 망상에 사로잡힌 것이라고 말합니다. 이 말도 안 되는 세상이 마치 우리를 진정으로 돕거나 치유해줄 수 있다고 생각하는 것이야말로 광신이고 맹신이라는 사실을 의심할 여지가 없다고 말합니다.

"**하나님**에게 불가능은 없습니다." 그분은 우리 같은 사람조차도 새로 태어난 사람으로 만드실 수 있습니다. 그분은 하나님을 믿지 않는 사람을 하나님을 믿는 사람으로, 사탄의 자녀를 하나님의 자녀로 만드실 수 있습니다. 맞습니다. 그분과 함께하면 불가능한 것은 없습니다. 그리고 그분의 전지전능하심을 통해 우리에게 필요한 도움을 그분으로부터 기대할 수 있습니다. 우리는 그분을 통해 그분이 아니었다면 피하거나 극복하는 것이 불가능했던 수많은 속박으로부터 자유를 찾을 수 있습니다.

우리는 시간과 절기에 얽매이지 않습니다. 새해가 우리에게 별다른 감흥을 주지 않습니다. 우리의 삶은 자신의 형상대로 우리를 만드신 영원하신 하나님의 영원의 흔적을 간직하고 있습니다. 우리가 덧없는 것에 매몰되기를 바라지 않으시는 하나님은, 영원한 곳으로 우리를 초대하십니다. 그리고 그분은 우리를 영원으로 충만하고 시간을 초월한 영원불멸의 존재로 만드실 것입니다.

하나님의 계획과 계시에 대한 통찰력이 부족하고 분별력이 없는 사람들은 유혹하는 자에게 쉬운 먹잇감이 됩니다. 무엇이 진실이고 거짓인지를 분별할 때, 유혹하는 자를 굴복시키면서 예수님은 천국이라는 현실을 우리에게 무기로 주셨음을 잊지 말아야 합니다. 우리 자신의 힘으로는 이 세상 법 위에 올라설 수 없지만, 예수님과 함께라면 가능합니다. 구주께서는 언제든지, 그리고 어떤 방법으로든지 우리를 도와주실 수 있다는 사실을 믿으십시오. 그분은 먹을 것 없이도 우리를 살아가게 하실 수 있습니다.

그리스도는 살아계신 분으로 당신 앞에 서 계셔야 합니다. 깨어나라, 내 마음아! 즐거워하고, 기뻐하십시오. 어둠이 당신을 짓누르지 못하게 하십시오. 이 시대의 슬픔이 머릿속을 가득 채우도록 내버려두지 마십시오. 그것은 단지 인간의 시간입니다. 주님의 시간을 사십시오. 당장 지금이라도 그리스도께서 가까이 오셔서 당신을 하나님나라로 안내하실 수 있다는 사실을 기억하십시오.

이 세상에서 어두움 가운데 있을 때에도 우리는 영원히 지속되는 빛으로 옮겨 심어질 수 있습니다. 우리는 죽음 한가운데에서 생명과 평화를 소유할 수 있습니다. 어둠의 그림자는 곧 흩어질 것이라 믿고 계속 앞으로 나아가십시오. 그리스도를 굳게 붙잡고 있는 사람들은 영원한 나라인 하나님나라에 들어갈 것입니다. 그것이 우리의 위로이고 소망입니다.

사람들은 어느 곳에서건 구원 받습니다. 즉 사람들은 슬픔 한가운데에서조차도 충만한 기쁨을 발견할 수 있는 새로운 차원에 있는 자신들을 발견합니다. 이 새로운 세계, 즉 하나님나라에 산다는 것은 살아가기 위한 힘, 고통을 감내할 수 있는 힘, 심지어 죽기 위해 필요한 힘까지도 공급받는 것을 뜻합니다. 덕분에 주님의 이름을 부르는 모든 이들이 구원받을 수 있다는 것과 그분의 신성한 능력이 비록 요란하진 않지만, 바로 지금 여기서 일하고 계시다는 소망을 가질 수 있습니다.

구원자이신 예수님과 아버지이신 하나님께서 우리와 맺으신 언약에 대한 올바른 믿음의 태도를 가지고 있습니까? 그렇다면 새로운 빛이 우리에게 비추기 시작할 것이고, 그리스도의 목적이 홀연히 기쁨과 빛을 나타낼 것입니다. 우리는 새로운 소망을 가질 것입니다. "왜, 우리는 일상생활의 법칙들을 대체할 수 있는 성령님이 존재한다는 것을 까맣게 잊고 있는 것인가!" 그리고 우리는 우리 삶의 불행한 환경에 대해서도, 교회의 상황에 대해서도, 심지어 죄와 지옥의 권능에 대해서도 더 이상 슬퍼하지 않을 것입니다. 그리고 우리는 예견된 위험한 날들인 종말의 시간을 두려워하지 않을 것입니다. 성령의 빛과 권능이 우리 안에 있다면, 우리는 결코 틀릴 수 없습니다.

예수 그리스도를 믿는 것만큼 우리를 온전케 하는 약은 없습니다. 그분은 사람들의 영혼을 치료하는 의사이며 지금부터 영원까지 몸과 영혼을 온전케 하십니다. 예수님은 치유하는 생명의 생수를 마시길 원하는 사람들에게 기꺼이 모두 주십니다.

믿음을 가진 자들에 대한 주님의 보호하심이 얼마나 위대한가요! 진실로, 그 천사들이 언제라도 우리를 섬길 준비가 되어 있습니다. 우리는 이 주님의 군사들을 볼 수 없습니다. 하지만 하나님의 구원 계획의 증거로서, 오래된 이야기 안에 있는 진실을 생각나게 하는 존재들로서, 천사를 인지하는 것이 허락되는 때가 다시 올지도 모릅니다. 하나님께서는 그분의 본래 의도에 따라 마지막 때에 이제까지 행하셨던 그 어떤 것보다 더 위대한 기적을 행하실 것입니다. 그것은 바로 이 세상 전체의 구원입니다.

사람들은 죽음과 동시에 모든 것이 해결될 것이라고 생각합니다. 그런데 여기서 영원한 생명이 없는데 저 너머에서 갑자기 나타날 것이라고 생각하십니까? 어떤 근거로 그런 소망을 가질 수 있나요? 나는 죽음 이후에도 사람들은 그 이전과 정확히 똑같이 될 것이라고 생각합니다. 만약 그들이 이번 생에서 자신들 외에는 아무것도 보거나 듣지 못한다면, 다음 생에서도 똑같지 않을까요? 그러나 만약 그들이 여전히 지상에 있는 동안에도 영원에 사로잡혀 있다면, 육체를 내려놓는 죽음이라는 사건은 천국의 기쁨으로 충만한 새로운 삶의 시작에 비교하면 별 것 아닌 일일 뿐입니다.

이 세상이 기계들에게 소망을 두는 것처럼 나는 성령님의 권능에 소망을 둘 것입니다. 성령님의 권능은 너무도 강력하여 파멸할 것처럼 보이는 모든 것을 뒤집을 수 있습니다. 성령님은 새 하늘, 새 땅, 그리고 새 생명을 가져올 수 있으며, 바로 우리가 그것을 볼 것입니다.

하늘과 땅을 다스리는 위대한 하나님의 인자하심은 가장 낮은 자들의 필요를 안팎으로 채우십니다. 이 놀라운 하나님의 선하심을 알기 전까지는 그분이 누구시고 어떻게 그 평화가 우리를 일으켜 끌고 가는지 알 수 없습니다. "우리를 도우시고 죽음에서 건져내시는 주 하나님이 우리와 함께 계십니다."라고 시편 기자는 말합니다. 아, 하나님이 우리와 얼마나 가까이 계신지 진정으로 깨달을 수만 있다면!

우리가 과거에 주님께서 하신 일들을 더 의지하고, 그것을 소중히 여길수록, 우리는 더욱 그분의 역사를 체험하는 역량을 키울 수 있습니다. 그분의 역사란 오늘날 이 세상에서 그분이 하나님으로 지속적으로 일하심을 의미합니다. 그 후에 우리는 기적을 볼 수 있을 것입니다. 이 기적은 마술사들의 속임수가 아니라 신성하고 경이로운 일입니다. 인내심을 가지세요. 우리는 인간의 제의祭衣가 낡아 사라지면 무엇이 남아 있는지 확인할 수 있을 것입니다. 그것은 인간의 책 어디에도 기록된 적 없는 하나님이 행하신 일들입니다.

우리는 하나님의 권능이 필요합니다. 그래야 이 세상의 것들도 어떤 영원한 가치를 담을 수 있게끔 돌볼 수 있습니다.

우리가 일단 예수 그리스도의 세계인 하나님나라에 들어가면, 새로운 가능성이 열립니다. 그리고 우리 몸이나 영혼이 그 가능성을 알게 될수록 더 요청할 수 있다는 것을 알게 됩니다.

예수 그리스도를 믿을 때 우리에게 놀라운 일들이 일어납니다. 우리의 생각과 감정이 바뀌고, 우리의 행동이 바뀝니다. 기질 자체가 변합니다. 행복, 사려 깊음, 사랑, 평화, 내적 평온과 육체와 영혼이 가진 결함들의 치유. 이 모든 일들이 믿음과 함께 찾아옵니다. 이것은 부활과 같습니다. 우리가 더 큰 믿음과 어린아이다운 모습을 가지고, 만약 새로운 본성을 얻는 것에 더 열심을 낸다면 더 큰 믿음의 선물이 당신을 놀라게 할 것입니다

많은 사람들이 "나한테 인생이 무슨 소용이야! 차라리 죽어버렸으면!"이라고 말합니다. 그러나 이처럼 이야기하는 사람들은 성령님의 모든 흔적을 잃어버렸습니다. 이들은 인생이 하나님이 주신 보물이라는 사실을 잊어버렸습니다. 인생을 가치 있게 받아들이는 것이 꼭 필요합니다! 새로운 사람이 당신의 집, 당신의 인생에 들어올 때마다 "내가 어떻게 하면 당신의 삶을 기쁘게 할 수 있을까요?"라고 물어보십시오. "당신은 가치 있는 사람인가요?" 혹은 "당신이 내게 무엇을 해줄 수 있나요"라고 묻지 마십시오. 사랑을 베푸십시오. 그러면 나머지는 저절로 될 것입니다. 그러나 다음의 질문을 항상 마음에 새겨 두십시오. "내가 어떻게 타인을 기쁘게 할 수 있을까?"

기독교의 본질을 말 속에서 찾으려는 것은 부질없습니다. 심지어 예수님의 말씀도 마찬가지입니다. 아무리 정교한 체계도 기독교의 본질을 단어들로 요약해낼 수 없기 때문입니다. 기독교의 본질은 또 하나의 세계에서 온 선물로서만 드러납니다. 그조차도 정신없이 복잡한 각종 기독교 활동 때문에 빛을 잃습니다. 그럴지라도 우리는 각자 그 본질을 소망하고 또 스스로 찾을 수 있습니다. 비록 불가능한 것일지라도 우리를 둘러싸고, 생명과 영광으로 가득 차 있는 조용한 권능을 통해 그 어떤 불가능도 가능해집니다.

남자와 여자가 하나님께 속해 있었을 때, 그곳은 낙원이었습니다. 그들이 더는 하나님께 속하지 않게 되면서 낙원은 끝이 났습니다. 그 후에 하나님의 독생자 예수님께서 이 세상에 오셨고, 낙원이 다시 찾아왔습니다. 예수님을 찾아와 만난 사람들은 더 없는 행복으로 채워집니다. 이것이 전부입니다. 그들은 내적으로나 외적으로 생명으로 충만하게 됩니다. 예수님께서는 생명의 말씀을 가지셨고, 그분 주위에 있는 사람들은 낙원에 있는 것과 같았습니다. 지금 우리에게도 마찬가지입니다. 생명의 말씀이 있는 그 어떤 곳도 낙원입니다.

"오늘 네가 나와 함께 낙원에 있으리라." 누가복음 23 : 43 예수님이 우리 가운데 계실 때, 우리가 어디에 있든지 이 말씀은 유효합니다.

그리스도께서는 오늘 우리에게 나타나시길 원하십니다. 아마도 몸을 숨기시고, 아마도 성령님 안에서 나타나실 것입니다. 하지만, 영원한 생명의 분명한 시작으로 그렇게 하실 것입니다. 이 지식을 받아들이는 사람은 누구나 그리스도께서 어떻게 현실에 나타나시는지 알게 될 것입니다.

하나님의 말씀이 우리에게 나타날 때면 영원이 구덩이에서 불꽃을 튀기며 일어나 빛을 향해 나아갑니다. 우리는 다른 사람이 됩니다. 우리의 영혼이 깨어나 살아납니다. 우리의 영혼은 깊은 잠에서 일어나고, 우리의 근원이신 하나님을 향한 갈망이 우리 안에서 일어납니다. 우리는 진정한 우리 자신이 됩니다. 우리의 눈이 열려 그리스도의 영광을 볼 때 우리는 완전히 변화됩니다. 그리고 그 반대의 경우도 마찬가지입니다. 우리의 눈이 그분의 빛을 받지 못하면, 우리는 여전히 완전한 장님입니다.

하나님께서는 육체와 영혼을 돕기 위해 온갖 종류의 권능을 행하시고, 이것을 각자에게 선물로 부어주십니다. 그 권능이 우리를 감싸고 우리와 함께 하는 방식은 아주 다양하고 사실 무한합니다.

하나님께서는 우리에게 수많은 선함을 보여주십니다! 만약 우리가 하루 동안만이라도 그분이 우리를 위해 하신 모든 선한 일들을 헤아려 볼 수 있다면 놀라움을 금치 못할 것입니다. 하지만, 우리는 그 대부분을 보지도 못하고 느끼지도 못합니다. 하나님을 기억하면서 불쾌한 일들을 모두 잊어버릴 수 있다면 얼마나 좋을까요! 그러나 보통은 이와는 정반대입니다. 불쾌한 일들은 모든 선한 것을 집어 삼키고, 이를 뒤편으로 밀어내 버립니다. 하나님의 사랑을 받아들이는 법만 배운다면 생기 넘치는 생각의 틀을 갖는 것이 그리 어려운 일은 아닙니다. 그러면 하나님의 선함에 비추어보면, 사실 없는거나 다름이 없는 삶의 불편한 상황들은 가볍게 무시할 수 있습니다.

우리는 죽음의 시대에서 죽어가고 있다는 사실을 직면해야만 합니다. 시간이 가면서 우리의 힘은 약화될 것이 분명합니다. 그렇습니다. 가장 뛰어난 육체적 힘조차도, 가장 생생한 생각과 마음조차도 점점 쇠약해질 것입니다. 죽음의 법칙은 우리가 행하고, 생각하고, 느끼는 모든 것을 둘러싸고 있습니다. 그러나 이러한 죽어가는 것에 침투하는 생명의 법칙 또한 존재합니다. 그 생명은 예수 그리스도 자체입니다. 예수님은 영원히 사는 분이고, 죽음에서 부활해서, 영원에서 우리에게 손길을 내미시는 분이십니다. 그분은 우리에게 성령을 전달하시고, 우리의 죽음 한가운데에서 은혜와 다시 돌아오시겠다는 언약으로 우리를 새롭게 하시고, 새 생명을 불어넣으십니다.

말씀한 모든 것이 이루어졌을 때의 최악의 상황은 믿는다고 하지만, 실제로는 믿음이 없는 것입니다. 믿지만 여전히 진정으로 믿지 못하고, 구주라고 말은 하지만 정작 아무것도 기대하지 않는 상태입니다. 그분 앞에서 무릎 꿇는다고 말하지만, 정작 사탄이 하나님보다 더 강력하다고 걱정하고 있습니다. 그것 때문에 우리에게 이미 약속한 것조차도 달라고 할 엄두도 내지 못합니다. 우리가 진정으로 구주를 의지한다면 우리를 돕는 손이 얼마나 가까이 있는지 또 얼마나 빨리 우리를 도울 수 있는지요. 하나님 보좌 우편에 계신 우리의 형제이자 하나님의 자녀인 우리를 구원하실 수 있는 권능을 가지신 예수님을 확신하고 있다면 말입니다.

우리는 하늘에 있는 천사들과 경쟁해야만 합니다. 세속적인 연약함에 있는 세상에 빛을 비추는 것이 우리의 책무입니다. 이 땅에 빛을 비추는 것입니다. 천사들의 책무는 영원히 빛나는 가운데 천국에 빛을 비추는 것입니다. 누가 더 많은 빛을 비출까요? 우리는 창피를 당하지 않도록 잘 살펴야 합니다. 우리는 각기 다른 위치에 있음에도 같은 목표를 가지고 동일한 경주를 합니다. 천사는 하늘에서 그들이 해야 할 일을, 우리는 이 땅에서 우리가 해야 할 일을 하면서 서로 권면하며 나아가야 합니다.

주님의 선하심이 사탄보다 더 강력하지만, 사람들은 사탄이 지상에서는 더 강력하다고 말합니다. 선은 최고의 힘이며, 아무도 꺾을 수 없습니다. 이 사실이 우리가 의지하며 사는 지식과 소망입니다.

하나님나라가 이 땅에 와야 하기 때문에 우리는 세상을 정복해야 합니다. 하나님나라가 이 땅에 오도록 우리는 세상을 정복해야 합니다.

하나님을 찬양합니다. 하늘에 있는 천사들과 천국을 향해 나아가기 위해 애쓰는 사람들이 하나가 되는 것은 불가능하지 않습니다. 우리는 모두 예수 안에서 하나가 될 수 있기 때문입니다. 먼저 간 자들과 남은 자들은 예수 안에서 하나가 됩니다. 먼저 간 자와 남은 자들로 분리될 수도 없습니다. 맞습니다. 구원자 예수 안에서 우리는 이미 하나입니다. 지금 이 순간에도 서로 마음만 먹으면 하나가 될 수 있습니다!

믿으십시오. 천국은 열려 있고, 더 이상 닫혀 있지 않습니다. 모든 악하디 악한 권세들에서 풀려 진정으로 자유의 몸이 되어 하나님의 영광과 사랑하는 아버지 품 안에 안겨 천국에 있는 우리를 상상할 수 있습니다. 소망을 이루는 것이 더는 우리로부터 멀리 떨어져 있지 않기 때문에, 모든 것을 소망할 수 있습니다. 그리고 우리가 아직 천국에 올라가지 못했을지라도, 천국에 올라간다는 것을 어렴풋이 알 수 있습니다. 우리의 주님이 들려 올려지신 것처럼, 우리 또한 그렇게 될 것입니다. 그것이 주님의 뜻이기 때문입니다.

우리 하나님은 죽은 자를 일으키는 신이 아니던가요? 우리 하나님이 인간의 역사를 어쩔수 없이 받아들일 수밖에 없는 무기력한 신이던가요? 오염된 세상을 싹 다 뒤짚어 엎고 새로 시작하는 것이 불가능한가요? 그렇게 생각한다면 그분에 대한 믿음은 무의미합니다. 그런 믿음이라면 오늘이라도 그만두는 게 낫습니다. 그러나 하나님은 새 생명을 창조하시는 분이십니다. 또한 이 세상이 파괴와 죽음을 향해 달려갈지라도, 위대하고 강한 하나님은 그 반대 방향인 생명으로 이 세상을 이끌어 가실 것입니다.

우리의 주님은 십자가 위에서 끝까지 싸워서 완전히 승리하셨습니다. 그분에게는 이제 무덤도, 죽음도 없습니다. 가장 사악한 적을 이긴 것입니다. 그리고 이제부터 산 자와 죽은 자 모두 그분 것입니다. 그분은 산 자 뿐만 아니라 죽은 자의 주님이십니다.

나는 가까운 사람이 죽었을 때, 종종 "그 사람은 지금 뭘 하고 있을까?" 하는 의문이 생깁니다. 그리곤 해답이 찾아옵니다. "지금 그는 학교에 있어." 내가 이렇게 생각하는 이유는 그리스도가 우리를 심판하신 후에, 우리를 그분의 학교로 데려가서, 죽음 이후에도 하나님의 자녀가 되는 교육을 하실거라고 생각하고 싶기 때문입니다.

죽는다는 것은 단지 삶의 일부일 뿐입니다. 죽음에 대해 그렇게 생각해야 합니다. 예수께서 죽음을 앞에 두고도 많은 이들에게 찾아온 것을 보지 않았던가요? 마지막 순간에 그분이 오시는 것을 보고 눈이 번쩍 뜨인 사람들이 얼마나 많은가요? 그러므로, 기쁨과 소망으로 충만하십시오. 그리고 죽음의 순간에 구주께서 다시 오실 것임을 거듭거듭 기억하십시오.

우리는 절대 혼자가 아닙니다. 우리가 예수와 함께한다면, 그분의 천사들이 우리 주위를 둘러싸고 있는 것이기 때문입니다.

당신이 더 신실한 믿음을 가질 때에만, 당신의 모든 슬픔에도 불구하고, 그것을 볼 수 있을 때에만, 주님께서 당신을 위해 놀라운 일들을 준비하십니다! 주님이 준비한 놀라운 일들이 당신이 기대하는 것이 아닐 수 있지만, 당신이 생각했던 것보다 더 좋은 것임은 분명합니다. 당신이 상실로 고통 받을 때 , 사랑하는 사람이 당신을 떠나거나, 다른 슬픔이 당신의 인생 여정에 찾아올 때에 주님을 신뢰하고 믿으십시오. 만약 당신의 슬픔이 당신을 떠나지 않으면 기도하십시오. 주님께서 당신을 위해 일하시고, 만약 당신이 그분의 사랑을 조금이라도 알아챘다면, 슬픔 가운데에서도 당신의 기쁨이 폭발할 것입니다.

우리는 '주님 안에서 죽은 자들에게 죽음은 이 세상에서만 그들에게 권능을 발휘할 뿐, 천국에서는 더 이상 그렇지 않다'고 확실하게 말할 수 있습니다. 그들에게 죽음은 영생을 가져옵니다. 왜냐하면 이 땅에서의 삶의 빛이 사그라들면서, 새로운 천국의 빛이 켜집니다. 그리스도에 관해 "육신은 죽었지만, 성령으로 생명을 얻었다."고 말했습니다. 주님 안에서 죽은 자들도 마찬가지입니다.

예수 안에서 죽은 자들은 잃어버린 것이 아니다! 당신은 이 말을 믿어야 합니다. 슬퍼하지 마시고, 그리스도의 승리를 상징하는 십자가를 의지하고 사십시오. 일단 당신이 주님에게 당신의 삶을 위탁하면, 죽음은 결코 장애가 아닙니다. 휘장이 찢어집니다. 분명한 것은 당신이 먼저 죽은 자들을 볼 수 없다는 것입니다. 당신은 이 땅에, 그들은 천국에 있습니다. 그러나 당신을 둘러싼 수많은 증인들을 느낄 수 있으며, 당신은 천국에 있는 사람들과 함께 공동체로 살 수 있습니다.

고통을 알고 두려움을 감내해야 하는 것은 우리 인간의 운명입니다. 고통과 질병, 유혹과 박해가 오라고 하십시오! 이것들은 우리를 향한 하나님의 위대한 사랑에 비하면 하찮은 것입니다. 그리고 우리가 그분의 사랑을 높이 찬양할수록, 그분은 더 강력히 우리를 보호하실 것입니다. 진실로 우리는 만천하를 거부할 수 있습니다. 우리는 그리스도가 주님이시고, 그분이 모든 악을 회복시키실 수 있으며, 그분 안에서 모든 권세와 나라들이 하나님 앞에 무릎을 꿇어야 한다는 지식 안에서 안전하기 때문입니다.

성령님이 하시는 일은 설명할 수 있음에도 불구하고, 성령님 자체는 설명할 수 없습니다. 성령님의 일하심은 하나님이 현실에 존재하심을 보여줍니다. 하나님이 일하시면서 우리를 만질 때, 우리는 하나님을 인식합니다. 우리는 그분이 거기에 계심을 느낍니다. 우리가 이 사실을 언제나 잊지않고 기억한다면 얼마나 좋을까요! 우리가 현실에서 실재를 경험하면 성령님과 동행하는 것이 우리의 의무입니다. 하나님의 실재를 삶의 보잘것 없는 일상으로 가지고 들어가야 합니다. 하나님의 실재라는 빛의 고리 안으로 모든 것을 끌어 모으는 것이 우리의 의무입니다.

주 하나님, 당신이 우리에게 당신의 세계, 천국을 열어 주시고, 당신의 독생자 예수님을 통해서 천국으로 가는 길을 우리에게 허락하신 당신을 찬양합니다. 당신에게 청합니다. 현세의 것과 영원한 것의 차이를 알 수 있는 분별력과, 영원한 것과 창조 세계의 영광을 선명하게 볼 수 있는 눈을 우리에게 주셔서, 우리가 당신으로부터 온 모든 것들에 감사할 수 있게 하소서. 아멘.